Ich war eine Königin

Emma, fast sechs Jahre alt, kam heute morgen strahlend zu ihrer Mutter ins Zimmer. Sie legte sich zu ihren Füßen auf das Bett, streckte sich, als ob sie nichts und niemand in der Welt erschüttern könnte und sagte: „Mami, ich hatte letzte Nacht einen ganz tollen Traum."

Die Mutter fragte neugierig: „Was denn für einen Traum?" „Ich war eine Königin", gab die kleine Emma zur Antwort. Und als sie das sagte, wurde sie rot.
„Wirklich!", sagte die Mutter. „Was hast du denn alles erlebt als Königin?" „Ich hatte ein langes schönes Kleid an", sagte das Mädchen und zeichnete mit ihren Händen ein fließendes Gewand. „Auf dem Kopf trug ich eine goldene Krone mit glitzernden Steinen und Diamanten", beschrieb Emma ihrer Mutter weiter ihren Traum.

Die Mutter schaute das kleine Mädchen liebevoll an: „Was war denn so wundervoll an deinem Traum?" Emma antwortete: „Ich mag es einfach, wenn ich mich so fühle." „Wie fühlst du dich denn?" Mit einem Seufzer sagte sie nur ein Wort: „Schön!"

Verfasser unbekannt

Als mein Mann und ich unsere ersten Geburtstage gemeinsam feierten, hat er immer zu mir gesagt: „Heute bist du die Königin!" Diese Aussage rührte mich sehr, denn sie zeigte mir, ich bin etwas Besonderes. In unserem Alltag vergessen wir das leider sehr schnell wieder, vor allem wir Frauen.

Doch jede von uns ist eine Schöpfung Gottes, ein Original. Daran dürfen wir uns an unserem Geburtstag, aber auch an jedem anderen Tag des Jahres erfreuen. Gott sieht in uns jeden Tag eine Königin, wunderbar wertvoll in seinen Augen. Wenn wir uns das bewusst machen, verändert das unser Selbstbewusstsein. Auch wenn wir uns oft nicht so fühlen, oder wir nicht dem gängigen Schönheitsideal entsprechen, uns als zu dick, dünn, groß oder zu klein betrachten. Unsere Seele muss das immer wieder hören, deshalb habe ich für Sie in diesem Heft auf Seite 15 einige Psalmverse abgedruckt, die Ihnen genau das immer wieder zusprechen: Sie sind wundervoll geschaffen!

Deshalb möchte ich auch Ihnen an Ihrem Geburtstag zusprechen: „Heute sind Sie die Königin!" Ist das nicht eine besondere Ehre? Genießen Sie es und erfreuen Sie sich daran.

Königin

Foto: pixabay

Gott liebt Schönheit, das sehen wir an der wundervollen Schöpfung um uns herum. Schönheit kommt von einer positiven Lebenseinstellung. Sehen wir das Leben als ein Geschenk, dann strahlen wir Freude und Hoffnung aus. Dankbarkeit hat Auswirkungen und bringt unsere Augen zum Leuchten. Diese Freude, Hoffnung und innere Schönheit dürfen wir auch an andere weitergeben.
In der folgenden Geschichte vom weißen Kieselstein sehen wir, welche Auswirkungen es hat, wenn andere gut über uns sprechen. Welche Kraft in unseren Worten steckt. Deshalb ermutigt uns Paulus im Brief an die Epheser im Neuen Testament:

Redet nicht schlecht voneinander,
sondern habt ein gutes Wort für jeden,
der es braucht. Was ihr sagt, soll hilfreich
und ermutigend sein, eine Wohltat für alle.

Epheser 4,29

Ein Haufen Steine
hört in dem Augenblick auf,
ein Haufen Steine zu sein,
wo ein Mensch ihn betrachtet
und eine Kathedrale darin sieht.

Antoine de Saint-Exupéry

Der weiße Kieselstein

Er lag unter tausenden von anderen Kieselsteinen in allen Formen und Größen am Strand. Eine lange Zeit war er sich seiner selbst nicht bewusst gewesen. Er hatte am Tag die Wärme der Sonne in sich aufgenommen und sie an die Kühle der Nacht abgegeben.
Dann eines Tages erwachte sein Selbstbewusstsein. Er erkannte, dass er ein annähernd runder und gänzlich weißer Kieselstein war – einer unter unzähligen. Es machte ihn sofort traurig, nur ein kleiner Teil einer riesigen Masse zu sein. Wohin der Kieselstein auch schaute, er sah nichts als Kieselsteine. Wie sehr beneidete er die Palme in seiner Nähe, deren Schatten jeden Tag eine Weile auf ihm ruhte. Sie stand allein und schön am Strand. Sie war einmalig, etwas ganz Besonderes. Auch das Meer in seiner mächtigen Endlosigkeit, dem sprühenden Spiel seiner Brandung – war es nicht bewundernswert? In ständiger Bewegung, Ebbe und Flut erzeugend, und doch geheimnisvoll in sich ruhend.
Und was war er dagegen? Ein unbeweglicher, kleiner, weißer Kieselstein, irgendwann an den Strand gespült und dort liegengelassen – nur einer unter unzähligen seiner Art. Er war nicht einmal unter Seinesgleichen etwas Besonderes. Da gab es große, schwere Steine, die so leicht kein Sturm bewegen konnte. Andere besaßen wunderschöne Farben und Muster. Seine Traurigkeit über sich selbst wurde noch größer. Wie

gerne hätte er mit dem Meer getauscht, mit den Vögeln in der Luft, mit den Sternen am Himmel. Was half ihm sein erwachtes Selbstbewusstsein, wenn es ihm nur zeigte, wie klein und unbedeutend er war. Wenn er wenigstens ein paar schöne Farben hätte wie so viele Steine in seiner Nähe. Eines Nachts erwachte der Stein aus tiefem Schlaf. Am Himmel strahlte der Vollmond und tauchte den Strand in ein seltsames, zartes Licht. Plötzlich hörte der weiße Kieselstein die leisen Stimmen zweier anderer Steine, deren Gespräch der Wind zu ihm trug. Als er merkte, dass sie über ihn sprachen, lauschte er aufmerksam. „Schau mal, der Weiße dort. Sieht er nicht wunderschön aus im Vollmondlicht? Er ist mir noch nie aufgefallen. Er hat wohl eine Schönheit die sich nur in einem bestimmten Licht offenbart. Gegen sein leuchtendes Weiß wirken alle anderen Steine ganz blass. Ob er weiß, wie wunderschön er ist?“ Am liebsten hätte der weiße Kieselstein jetzt vor Freude einen Sprung ins Meer gemacht. „Er liegt da wie eine große Perle, eben und rund. Ich wollte, ich wäre an seiner Stelle!“

Der weiße Stein dachte eine Weile nach und begriff plötzlich, dass es anderen Steinen genauso ging wie ihm. Auch sie sehnten sich danach, anders zu sein als sie waren. Und gerade die beiden Steine, die so gut über ihn sprachen, hatte er wegen ihrer Größe schon oft beneidet. Vielleicht ging es ja auch der Palme so. Womöglich wollte sie lieber das Meer sein oder der Stern am Himmel. Und das Meer wollte am Ende lieber das Land sein. „Was mochte es sein, was einen so unzufrieden mit sich selbst machte“, überlegte der

weiße Kieselstein. Durch einen Zufall hatte er erfahren, dass er, der einfache weiße Kieselstein, in einem bestimmten Licht schön und wunderbar anzuschauen war. Das hätte er nie für möglich gehalten. Gab es da nicht vielleicht noch anderes an ihm, das er noch nicht entdeckt hatte?
Und so versuchte der weiße Kieselstein zum ersten Mal in seinem Leben, mit sich selbst einverstanden zu sein.

Mit der Zeit fühlte er sich immer wohler in seinem glatten weißen Körper. Sicher, er war noch immer ein Stein unter unzähligen anderen, aber das störte ihn nicht mehr. In der nächsten Vollmondnacht ging ein Liebespaar den Strand entlang. Die junge Frau entdeckte den Kieselstein und sagte zu ihrem Freund: „Schau, wie er im Mondlicht leuchtet! Wie eine große Perle!“
Die Frau bückte sich, nahm den weißen Kieselstein in die Hand und betrachtete ihn mit glänzenden Augen. Dann steckte sie ihn in ihre Tasche.

Verfasser unbekannt

TRÄUME

Sei eine Königin

LEBE DEN *Moment*

GLAUBE AN WUNDER

STAUNE

VERGISS NIE, DU WIRST *geliebt*

Foto: pixabay

Foto: pixabay

Behalte immer mehr Träume
in deiner Seele,
als die Wirklichkeit zerstören kann.

Indianische Weisheit

Schön bin ich

In Sottrum gab es eine Frau, die von der Dorfjugend „Schön-bin-ich“ genannt wurde. Sie hatte im Beisein anderer vor dem Spiegel ihr eigenes Aussehen bewundert und begeistert gesagt: „Schön bin ich.“ Die jungen Leute lachten sich schlapp darüber. Sie erzählten es weiter und führten den Spitznamen „Schön-bin-ich“ ein.

Die kleine Geschichte - meine Mutter hat sie mir erzählt - sie rührt mich an. Ich freue mich über Menschen, die ihre eigene Schönheit wahrnehmen und auch loben können. Und vielleicht hat die junge Frau das Wunder ihres Lebens viel umfassender bestaunt als die jugendlichen Beobachter mitbekommen haben.

Ich wünsche mir jedenfalls, dass ich nie aufhöre, meinen Leib, meine Seele und meine Lebenszeit als Gottes wunderbare Gabe zu begreifen. Gott hat mich geschaffen; er liebt mich. Das ist meine Freude. Darf ich davon erzählen und im Beisein anderer dafür danken? Ja, gerade heute an meinem Geburtstag darf ich mich meines Lebens freuen und dankbar sein!

Margarete Plate

Foto: pixabay

Psalmworte

Du hast mich geschaffen
mit Leib und Geist,
mich zusammengefügt
im Schoß meiner Mutter.
Ich danke dir dafür,
dass ich wunderbar gemacht bin;
wunderbar sind deine Werke;
das erkennt meine Seele.

Psalm 139,13-14

Ich danke dir, Herr, in Ewigkeit;
denn du hast das alles vollbracht.

Psalm 52,11

Danket dem Herrn; denn er ist freundlich,
und seine Güte währet ewiglich!

Psalm 106,1

Ich danke dem Herrn von ganzem Herzen
und erzähle alle deine Wunder.

Psalm 9,2

Foto: pixabay

Segenswünsche

Gesegnet

deine Wünsche
und deine Sehnsucht und alles,
was in dir lebendig ist.

Gesegnet

die Tage und die Jahre,
in denen deine Träume
zu leben du nicht vergisst.

Gesegnet

jeder Augenblick,
der dich zur Freude
und zum Glücklichsein verführt.

Gesegnet

jeder Mensch,
der mit Zärtlichkeit und Liebe
dein Herz berührt.

Irischer Segenswunsch

Gott
mögest du mich umgeben
wie ein Kreis,
der keinen Anfang und kein Ende hat;
mögest du mich umsorgen,
mit deiner Liebe,
die keine Grenzen kennt.